32 stratégies pour **générer du trafic** sur votre site web et **10 stratégies** pour le **rentabiliser**

Sylvain MILON

https://www.sylvainmilon.com

SOMMAIRE

Voici 32 stratégies pour générer du trafic sur votre site internet, découvrez en les techniques et astuces pour les mettre en œuvre avec succès :

1. Utilisez les réseaux sociaux pour promouvoir votre site et vos contenus.

2. Faites du guest blogging et publiez des articles sur d'autres sites populaires dans votre niche.

3. Utilisez les forums et les groupes de discussion pour promouvoir votre site et répondre aux questions des utilisateurs.

4. Faites de la publicité payante sur les réseaux sociaux ou Google AdWords.

5. Faites de l'optimisation pour les moteurs de recherche (SEO) pour améliorer votre classement dans les résultats de recherche.

6. Créez du contenu de qualité qui sera partagé sur les réseaux sociaux et par les utilisateurs.

7. Faites de la publicité sur des sites web populaires dans votre niche.

8. Utilisez des outils de marketing par email pour envoyer des newsletters et promouvoir votre site.

9. Faites de l'affiliation et travaillez avec d'autres entreprises pour promouvoir leurs produits ou services sur votre site.

10. Participez à des événements en ligne ou hors ligne et

faites-en la promotion sur votre site.

11. Utilisez des outils de marketing de contenu pour promouvoir votre site et votre contenu.

12. Faites de la publicité dans des magazines ou des journaux en ligne populaires dans votre niche.

13. Faites de la publicité sur des sites de petites annonces en ligne populaires.

14. Créez du contenu vidéo pour YouTube et promouvez-le sur votre site.

15. Participez à des conférences ou des événements en ligne et faites-en la promotion sur votre site.

16. Créez un compte sur Instagram et utilisez-le pour promouvoir votre site et vos produits ou services.

17. Utilisez des hashtags populaires sur les réseaux sociaux pour promouvoir votre site et vos contenus.

18. Faites de l'échange de liens avec d'autres sites populaires dans votre niche.

19. Faites de la publicité sur des sites de petites annonces en ligne locaux.

20. Créez du contenu pour Pinterest et utilisez-le pour promouvoir votre site et vos produits ou services.

21. Utilisez des outils de marketing par SMS pour envoyer des messages à vos clients et promouvoir votre site.

22. Faites de la publicité dans des journaux ou des magazines locaux.

23. Faites de l'optimisation pour les moteurs de recherche (SEO) de votre site mobile.

24. Créez du contenu pour LinkedIn et utilisez-le pour

promouvoir votre site et votre entreprise.

25. Utilisez des outils de marketing par push notification pour envoyer des notifications à vos utilisateurs et promouvoir votre site.

26. Créez du contenu pour TikTok et utilisez-le pour promouvoir votre site et vos produits ou services.

27. Utilisez des outils de marketing de contenu pour créer du contenu visuel attrayant et le partager sur les réseaux sociaux.

28. Créez du contenu pour Reddit et utilisez-le pour promouvoir votre site et vos produits ou services.

29. Faites de la publicité sur des sites web de niche populaires dans votre domaine et ciblez les utilisateurs qui pourraient être intéressés par votre site.

30. Utilisez des outils de marketing par email pour envoyer des newsletters ciblées à des utilisateurs qui pourraient être intéressés par votre site.

31. Créez du contenu pour les podcasts et utilisez-le pour promouvoir votre site et vos produits ou services.

32. Faites de l'influence marketing et travaillez avec des influenceurs dans votre domaine pour promouvoir votre site et vos produits ou services sur leurs réseaux sociaux et leurs blogs.

Il y a plusieurs avantages à avoir de nombreux visiteurs sur votre site internet

1. Augmentation du trafic : plus votre site a de visiteurs, plus vous pouvez atteindre de nouvelles personnes et augmenter votre visibilité en ligne.

2. Amélioration de la notoriété de votre marque : plus votre site a de visiteurs, plus vous pouvez améliorer la reconnaissance de votre marque et la confiance que les gens ont en elle.

3. Opportunités de génération de leads : si vous utilisez votre site pour collecter les coordonnées de vos visiteurs, vous pouvez utiliser ces informations pour entrer en contact avec eux et leur proposer des produits ou services qui pourraient les intéresser.

4. Amélioration du référencement : si votre site a beaucoup de visiteurs, cela peut être considéré comme un signe par les moteurs de recherche que votre site est populaire et pertinent, ce qui peut améliorer votre classement dans les résultats de recherche.

5 .Opportunités de monétisation : si vous utilisez votre site pour afficher de la publicité ou vendre des produits ou services, avoir de nombreux visiteurs peut augmenter vos revenus en ligne.

En résumé, avoir de nombreux visiteurs sur votre site internet présente de nombreux avantages tels que l'augmentation du trafic, l'amélioration de la notoriété de votre marque, l'opportunité de génération de leads, l'amélioration du référencement et l'opportunité de monétisation. Ces avantages peuvent vous aider à atteindre vos objectifs commerciaux et à améliorer votre présence en ligne. En outre, avoir un site internet populaire peut être bénéfique pour votre entreprise en général, en vous permettant d'atteindre un public plus large et de développer votre activité de manière plus efficace.

Il est important de noter que pour obtenir de nombreux visiteurs sur votre site internet, vous devrez mettre en place une stratégie de marketing en ligne efficace. Cela peut inclure la création de contenu de qualité, l'optimisation de votre site pour les moteurs de recherche, la promotion de votre site sur les réseaux sociaux et d'autres plates-formes en ligne, et l'utilisation de publicités en ligne ciblées. En travaillant sur ces aspects de votre stratégie de marketing, vous pouvez atteindre un public plus large et attirer de nouveaux visiteurs sur votre site.

Utilisez les réseaux sociaux pour promouvoir votre site et vos contenus.

Utiliser les réseaux sociaux pour promouvoir votre site internet et vos contenus est une stratégie de marketing en ligne efficace pour générer du trafic sur votre site. Voici quelques façons de mettre en place cette stratégie :

1. Créez des comptes sur les réseaux sociaux les plus populaires et publiez du contenu régulièrement. Vous pouvez publier des liens vers vos articles de blog, des images ou des vidéos, ou tout autre contenu que vous souhaitez partager avec votre public.

2. Utilisez des hashtags pertinents pour rendre votre contenu plus facile à rechercher et pour le faire découvrir à un public plus large.

3. Interagissez avec votre public en répondant aux commentaires et aux questions et en partageant du contenu de qualité provenant d'autres sources.

4. Utilisez les fonctionnalités de publicité payante sur les réseaux sociaux pour cibler votre public et augmenter la visibilité de votre contenu.

5. Analysez les performances de votre contenu sur les réseaux sociaux et utilisez ces informations pour améliorer votre stratégie de marketing.

En utilisant les réseaux sociaux de manière stratégique, vous pouvez atteindre un public plus large et générer du trafic sur votre site. N'oubliez pas de varier vos contenus et de rester actif sur les réseaux sociaux pour maintenir l'intérêt de votre public.

Faites du guest blogging et publiez des articles sur d'autres sites populaires dans votre niche.

Le guest blogging consiste à publier des articles sur d'autres sites internet dans le but de promouvoir votre site et vos contenus. Cela peut être une stratégie efficace pour générer du trafic sur votre site et pour vous faire connaître auprès d'un public plus large.

Voici quelques façons de mettre en place cette stratégie :

1. Trouvez des sites populaires dans votre niche qui acceptent les contributions de guest bloggers et envoyez leur une proposition de sujet. Assurez-vous de respecter les règles et les lignes directrices de chaque site concernant les contributions de guest bloggers.

2. Créez du contenu de qualité qui sera intéressant pour le public cible du site sur lequel vous publierez votre article. Assurez-vous de suivre les consignes de style et de format du site.

3. Incluez un lien vers votre site dans votre article de guest blogging et faites en sorte qu'il soit pertinent et utile pour les lecteurs.

4. Partagez votre article de guest blogging sur les réseaux sociaux et encouragez vos abonnés à le partager également.

5. Analysez les performances de votre article de guest blogging et utilisez ces informations pour améliorer votre stratégie de marketing.

En publiant des articles de guest blogging sur des sites populaires dans votre niche, vous pouvez atteindre un public plus large et générer du trafic sur votre site. N'oubliez pas de respecter les règles et les lignes directrices de chaque site et de créer du contenu de qualité pour obtenir les meilleurs résultats.

Utilisez les forums et les groupes de discussion pour promouvoir votre site et répondre aux questions des utilisateurs.

Utiliser les forums et les groupes de discussion pour promouvoir votre site internet et répondre aux questions des utilisateurs peut être une stratégie efficace pour générer du trafic sur votre site.

Voici quelques façons de mettre en place cette stratégie :

1. Trouvez des forums et des groupes de discussion pertinents dans votre niche et inscrivez-vous. Prenez le temps de lire les règles et les lignes directrices de chaque forum avant de participer.

2. Répondez aux questions des utilisateurs et partagez du contenu utile et de qualité. Vous pouvez également poser des questions et encourager la discussion.

3. Incluez un lien vers votre site dans votre signature ou dans votre profil, si cela est autorisé par les règles du forum ou du groupe.

4. Partagez des liens vers vos contenus ou vers votre site si cela est pertinent pour la discussion en cours. Ne spammez pas les forums ou les groupes de discussion avec des liens inutiles ou non pertinents.

5. Analysez les performances de votre participation aux forums et aux groupes de discussion et utilisez ces

informations pour améliorer votre stratégie de marketing.

En participant activement aux forums et aux groupes de discussion dans votre niche, vous pouvez atteindre un public intéressé par votre domaine et générer du trafic sur votre site. N'oubliez pas de respecter les règles et de créer du contenu utile et de qualité pour obtenir les meilleurs résultats.

Faites de la publicité payante sur les réseaux sociaux ou Google AdWords.

Utiliser des annonces publicitaires payantes sur des plateformes de publicité en ligne peut être une stratégie efficace pour générer du trafic sur votre site.

Voici quelques façons de mettre en place cette stratégie :

1. Trouvez des plateformes de publicité en ligne qui sont populaires et qui proposent des options de ciblage avancées, comme Google Ads ou Facebook Ads.

2. Créez des annonces attrayantes et ciblées pour votre public cible. Assurez-vous de suivre les consignes de chaque plateforme concernant le format et le contenu des annonces.

3. Utilisez des outils de suivi de performances pour mesurer l'efficacité de vos annonces et ajustez votre stratégie en conséquence.

4. Analysez les performances de vos annonces et utilisez ces informations pour améliorer votre stratégie de marketing.

En utilisant des annonces publicitaires payantes sur des plateformes de publicité en ligne, vous pouvez atteindre un public cible très précis et générer du trafic sur votre site. N'oubliez pas de cibler votre public et de créer des annonces attrayantes pour obtenir les meilleurs résultats.

Faites de l'optimisation pour les moteurs de recherche (SEO) pour améliorer votre classement dans les résultats de recherche.

L'optimisation pour les moteurs de recherche (SEO) consiste à mettre en place des techniques et des stratégies pour améliorer la visibilité de votre site internet dans les résultats de recherche.

Voici quelques façons de mettre en place une stratégie SEO pour votre site :

1. Identifiez les mots-clés pertinents pour votre domaine d'activité et utilisez-les de manière stratégique dans votre contenu et votre balisage HTML.

2. Créez du contenu de qualité et utilisez des titres et des sous-titres pour structurer votre contenu de manière claire et facile à lire.

3. Utilisez des liens internes et externes pertinents pour renforcer la crédibilité de votre site et améliorer son autorité auprès des moteurs de recherche.

4. Utilisez des outils de suivi de performance SEO pour mesurer l'efficacité de votre stratégie et ajustez-la en conséquence.

En mettant en place une stratégie SEO efficace, vous pouvez améliorer votre classement dans les résultats de recherche et générer du trafic sur votre site. N'oubliez pas de cibler les mots clés pertinents et de créer du contenu de qualité pour obtenir les meilleurs résultats.

Créez du contenu de qualité qui sera partagé sur les réseaux sociaux et par les utilisateurs.

Créer du contenu de qualité qui sera partagé sur les réseaux sociaux et par les utilisateurs peut être une stratégie efficace pour générer du trafic sur votre site.

Voici quelques façons de mettre en place cette stratégie :

1. Identifiez les sujets et les formats de contenu qui sont populaires auprès de votre public cible et qui ont tendance à être partagés sur les réseaux sociaux.

2. Créez du contenu de qualité qui est bien rédigé, bien structuré et qui répond aux besoins et aux intérêts de votre public cible.

3. Faites appel à l'émotion ou à la curiosité de votre public avec des titres accrocheurs et des images ou des vidéos attrayantes.

4. Utilisez des outils de suivi de performance pour mesurer l'efficacité de votre contenu et ajustez votre stratégie en conséquence.

En créant du contenu de qualité qui est partagé sur les réseaux sociaux et par les utilisateurs, vous pouvez atteindre un public plus large et générer du trafic sur votre site. N'oubliez pas de cibler votre public et de créer du contenu qui répond à ses besoins et intérêts pour obtenir les meilleurs résultats.

Faites de la publicité sur des sites web populaires dans votre niche.

Utiliser des annonces publicitaires payantes sur des sites web populaires dans votre niche peut être une stratégie efficace pour générer du trafic sur votre site.

Voici quelques façons de mettre en place cette stratégie :

1. Identifiez les sites web populaires dans votre niche qui proposent de la publicité payante et étudiez leurs tarifs et leurs options de ciblage.

2. Créez des annonces attrayantes et ciblées pour votre public cible. Assurez-vous de suivre les consignes de chaque site concernant le format et le contenu des annonces.

3. Utilisez des outils de suivi de performances pour mesurer l'efficacité de vos annonces et ajustez votre stratégie en conséquence.

4. Analysez les performances de vos annonces et utilisez ces informations pour améliorer votre stratégie de marketing.

En utilisant des annonces publicitaires payantes sur des sites web populaires dans votre niche, vous pouvez atteindre un public cible intéressé par votre site et générer du trafic sur votre site. N'oubliez pas de cibler votre public et de créer des annonces attrayantes.

Utilisez des outils de marketing par email pour envoyer des newsletters et promouvoir votre site.

Utiliser des outils de marketing par email pour envoyer des newsletters et promouvoir votre site peut être une stratégie efficace pour générer du trafic sur votre site.

Voici quelques façons de mettre en place cette stratégie :

1. Créez une liste de diffusion de emails avec des personnes intéressées par votre site et votre contenu. Vous pouvez utiliser des formulaires d'inscription sur votre site ou sur les réseaux sociaux pour collecter des adresses email.

2. Créez des newsletters attrayantes et bien structurées qui présentent votre contenu de manière claire et facile à lire.

3. Utilisez des outils de marketing par email, comme Mailchimp, Aweber ou GetResponse, pour envoyer vos newsletters de manière automatisée et suivre les performances de vos campagnes.

4. Analysez les performances de vos newsletters et utilisez ces informations pour améliorer votre stratégie de marketing.

En utilisant des outils de marketing par email pour envoyer des newsletters et promouvoir votre site, vous pouvez atteindre un public ciblé et communiquer avec ce public aussi longtemps qu'il reste inscrit à vos newsletters.

Faites de l'affiliation et travaillez avec d'autres entreprises pour promouvoir leurs produits ou services sur votre site.

Utiliser l'affiliation pour promouvoir les produits ou services d'autres entreprises sur votre site peut être une stratégie efficace pour générer du trafic sur votre site.

Voici quelques façons de mettre en place cette stratégie :

1. Trouvez des entreprises dans votre niche qui proposent des programmes d'affiliation et étudiez leurs offres et leurs taux de commission.

2. Inscrivez-vous à ces programmes et obtenez des codes de suivi ou des liens de parrainage pour promouvoir les produits ou services de ces entreprises sur votre site.

3. Ajoutez des liens ou des bannières publicitaires sur votre site pour promouvoir ces produits ou services.

4. Utilisez des outils de suivi de performance pour mesurer l'efficacité de vos campagnes d'affiliation et ajustez votre stratégie en conséquence.

En utilisant l'affiliation pour promouvoir les produits ou services d'autres entreprises sur votre site, vous pouvez générer du trafic vers ces produits et obtenir une commission sur les ventes réalisées grâce à vos liens.

Thème 1 : Roue des saveurs BONUS

L'objectif de cette activité est d'aider votre préadolescent à explorer ses goûts et préférences alimentaires tout en renforçant sa confiance en soi. En prenant des décisions sur ce qu'il aime ou n'aime pas, il apprend à exprimer ses opinions et à faire des choix, ce qui contribue à son développement personnel.

Matériel nécessaire

- Roue des saveurs : Vous pouvez imprimer une roue des saveurs ou la dessiner sur une grande feuille de papier. Elle devrait inclure plusieurs catégories comme :
- sucré
- salé
- acide
- aùer
- umami
- Papier et crayons : Pour que chaque membre de la famille puisse noter ses impressions.
- Verres d'eau : Pour rincer la bouche entre les dégustations.

Comment fonctionne cette activité

1. Introduction : Expliquez à votre préadolescent ce qu'est la roue des saveurs et comment elle fonctionne. Parlez des différentes saveurs et de leur importance dans la cuisine.
2. Dégustation : Proposez à chaque membre de la famille de goûter les échantillons d'aliments. Encouragez chacun à prendre le temps de savourer et de réfléchir à chaque goût.
3. Discussion : Après chaque dégustation, discutez ensemble des impressions. Posez des questions comme :

- Quelles saveurs avez-vous aimées ?
- Y a-t-il des saveurs que vous n'avez pas aimées ?
- Pourquoi pensez-vous que certaines saveurs vous plaisent

plus que d'autres ?

1. Remplissage de la Roue : Chaque membre de la famille peut remplir sa propre roue des saveurs en notant les aliments qu'il a aimés ou non dans chaque catégorie. Cela permet à chacun de visualiser ses préférences.
2. Partage des Choix : Encouragez votre préadolescent à partager ses choix avec la famille. Cela lui permet de s'exprimer et de renforcer sa confiance en ses opinions.
3. Conclusion : Terminez l'activité en discutant de l'importance de connaître ses goûts et de faire des choix. Soulignez que c'est normal de ne pas aimer certaines choses et que chacun a des préférences différentes.

Intérêt de la roue des saveurs

- Expression de Soi : En partageant ses goûts, votre préadolescent apprend à exprimer ses préférences.
- Prise de Décision : Choisir ce qu'il aime ou n'aime pas l'aide à développer sa capacité à prendre des décisions.
- Acceptation des Différences : Comprendre que les autres peuvent avoir des goûts différents renforce l'acceptation de soi et des autres.

pour info: L'umami est l'une des cinq saveurs de base, avec le sucré, le salé, l'acide et l'amer. Ce terme vient du japonais et signifie "savoureux" ou "délicieux".

Thème 1 : Calendrier des attentions

BONUS

Renforcer la confiance en soi de votre préadolescent en développant sa conscience de soi et son attention envers les autres.

Matériel nécessaire

- Grand calendrier
- Post-it ou autocollants
- Marqueurs colorés

Comment fonctionne cette activité ?

1. Création : Décorez ensemble le calendrier et choisissez un emplacement visible.
2. Planification : Chaque membre choisit un jour par semaine pour faire une attention (compliment, aide, etc.) et l'écrit sur le calendrier.
3. Mise en Pratique : Réalisez l'attention prévue.
4. Partage : À la fin de la semaine, chacun partage ses expériences et ressentis.

Intérêt

- Développement de l'empathie
- Expression positive
- Renforcement des liens familiaux
- Cette activité aide à construire la confiance en soi tout en favorisant des relations harmonieuses

Participez à des événements en ligne ou hors ligne et faites-en la promotion sur votre site.

Participer à des événements en ligne ou hors ligne et en faire la promotion sur votre site peut être une stratégie efficace pour générer du trafic sur votre site.

Voici quelques façons de mettre en place cette stratégie :

1. Identifiez les événements pertinents dans votre domaine d'activité, en ligne ou hors ligne, et inscrivez-vous pour y participer.

2. Faites la promotion de ces événements sur votre site en utilisant des bannières publicitaires, des articles de blog ou des annonces sur les réseaux sociaux.

3. Utilisez les hashtags pertinents pour rendre votre contenu plus facilement visible sur les réseaux sociaux.

4. Profitez de ces événements pour créer du contenu de qualité, comme des articles de blog ou des vidéos, et le partager sur votre site et sur les réseaux sociaux.

En participant à des événements et en en faisant la promotion sur votre site, vous pouvez atteindre un public cible intéressé par ces événements et générer du trafic sur votre site. N'oubliez pas de cibler votre public et de créer du contenu de qualité pour obtenir les meilleurs résultats.

Utilisez des outils de marketing de contenu pour promouvoir votre site et votre contenu.

Utiliser des outils de marketing de contenu pour promouvoir votre site et votre contenu peut être une stratégie efficace pour générer du trafic sur votre site.

Voici quelques façons de mettre en place cette stratégie :

1. Identifiez les outils de marketing de contenu pertinents pour votre domaine d'activité et étudiez leurs fonctionnalités et leurs tarifs.

2. Utilisez ces outils pour promouvoir votre contenu sur les réseaux sociaux et d'autres plate-formes en ligne, comme des blogs ou des sites de médias sociaux.

3. Créez du contenu de qualité qui répond aux besoins et aux intérêts de votre public cible.

4. Utilisez des outils de suivi de performance pour mesurer l'efficacité de votre stratégie de marketing de contenu et ajustez-la en conséquence.

En utilisant des outils de marketing de contenu pour promouvoir votre site et votre contenu, vous pouvez atteindre un public plus large et générer du trafic sur votre site. N'oubliez pas de cibler votre public et de créer du contenu de qualité pour obtenir les meilleurs résultats.

Faites de la publicité dans des magazines ou des journaux en ligne populaires dans votre niche.

Utiliser la publicité dans des magazines ou des journaux en ligne populaires dans votre niche peut être une stratégie efficace pour générer du trafic sur votre site.

Voici quelques façons de mettre en place cette stratégie :

1. Identifiez les magazines ou journaux en ligne populaires dans votre niche qui proposent de la publicité et étudiez leurs tarifs et leurs options de ciblage.

2. Créez des annonces attrayantes et ciblées pour votre public cible. Assurez-vous de suivre les consignes de chaque magazine ou journal concernant le format et le contenu des annonces.

3. Utilisez des outils de suivi de performance pour mesurer l'efficacité de vos annonces et ajustez votre stratégie en conséquence.

4. Analysez les performances de vos annonces et utilisez ces informations pour améliorer votre stratégie de marketing.

En utilisant la publicité dans des magazines ou des journaux en ligne populaires dans votre niche, vous pouvez atteindre un public cible intéressé par votre site et générer du trafic sur votre site.

N'oubliez pas de cibler votre public et de créer des annonces attrayantes pour obtenir les meilleurs résultats.

Faites de la publicité sur des sites de petites annonces en ligne populaires.

Il peut être judicieux de faire de la publicité sur des sites de petites annonces en ligne populaires pour atteindre un large public.

Voici quelques étapes à suivre pour mettre en place une campagne de publicité sur un site de petites annonces en ligne :

1. Choisissez le site de petites annonces en ligne sur lequel vous souhaitez publier votre annonce. Il existe de nombreux sites populaires tels que eBay, Craiglist, Leboncoin, etc. Assurez-vous que le site que vous choisissez est adapté à votre type de produit ou de service.

2. Créez un compte sur le site de petites annonces en ligne et suivez les étapes pour publier une annonce. Assurez-vous de suivre les règles et les consignes du site pour éviter que votre annonce ne soit pas publiée ou vous faire bannir.

3. Rédiger une annonce attrayante et informative qui présente clairement votre produit ou votre service. Utilisez des mots clés pertinents pour que votre annonce apparaisse dans les résultats de recherche.

4. Ajoutez des photos ou des vidéos de votre produit ou service pour aider les acheteurs à se faire une idée de ce qu'ils vont acheter.

5. Fixez un prix raisonnable pour votre produit ou service. N'oubliez pas de prendre en compte les frais de publicité et de

livraison dans votre prix de vente.

6. Promouvez votre annonce sur les réseaux sociaux et d'autres canaux de communication pour atteindre un public plus large.

Il est important de surveiller régulièrement les performances de votre annonce et de la mettre à jour si nécessaire pour obtenir les meilleurs résultats possibles.

Créez du contenu vidéo pour YouTube et faites en la promotion sur votre site.

Créer du contenu vidéo pour YouTube et le promouvoir sur votre site peut être une stratégie efficace pour atteindre et engagez votre audience.

Voici quelques étapes à suivre pour mettre en place cette stratégie :

1. Créez un compte YouTube et commencez à publier du contenu vidéo. Vous pouvez choisir de créer des vidéos de présentation de votre entreprise, de vos produits ou services, de tutoriels, de démonstrations, etc.

2. Optimisez vos vidéos pour qu'elles soient facilement trouvables sur YouTube. Pour ce faire, utilisez des titres et des descriptions accrocheurs et ajoutez des mots-clés pertinents à vos vidéos.

3. Promouvez vos vidéos sur votre site web et sur les réseaux sociaux. Ajoutez des liens vers vos vidéos dans vos articles de blog et dans vos publications sur les réseaux sociaux pour inciter vos followers à les regarder.

4. Engagez votre audience en répondant aux commentaires et aux questions posées sur vos vidéos. Cela vous permettra de créer une communauté autour de votre chaîne YouTube.

5. Utilisez les outils de publicité de YouTube pour promouvoir vos vidéos auprès d'un public ciblé. Vous pouvez cibler votre publicité en fonction de différents critères tels que l'âge, le sexe, l'emplacement géographique, les centres

d'intérêt, etc.

En créant du contenu vidéo de qualité et en le promouvant de manière stratégique, vous pouvez atteindre un public plus large et améliorer la visibilité de votre entreprise sur YouTube et sur internet en général.

Participez à des conférences ou des événements en ligne et faites-en la promotion sur votre site.

Participer à des conférences ou des événements en ligne et en faire la promotion sur votre site peut être une stratégie efficace pour augmenter votre visibilité et votre crédibilité dans votre domaine d'expertise.

Voici quelques étapes à suivre pour mettre en place cette stratégie :

1. Identifiez les conférences ou les événements en ligne qui sont pertinents pour votre domaine d'expertise et qui pourraient intéresser votre audience. Vous pouvez utiliser des outils de recherche en ligne pour trouver ces événements ou vous abonner à des newsletters pour être informé des dernières opportunités.

2. Proposez une présentation ou un atelier pour participer à ces événements. Assurez-vous de présenter une proposition de qualité qui apporte une valeur ajoutée aux participants.

3. Une fois votre participation à l'événement confirmée, faites la promotion sur votre site web et sur les réseaux sociaux. Ajoutez des informations sur l'événement et sur votre participation dans votre section "événements" ou "actualités" de votre site.

4. Pendant l'événement, assurez-vous de partager du contenu sur les réseaux sociaux pour informer votre audience de votre présence et pour inciter les personnes

intéressées à suivre votre présentation. Vous pouvez également créer un hashtag spécifique pour l'événement pour faciliter le suivi de vos publications.

5. Après l'événement, partagez du contenu supplémentaire sur votre site et sur les réseaux sociaux pour prolonger l'engagement de votre audience. Vous pouvez par exemple publier des comptes-rendus, des présentations ou des vidéos de votre présentation.

En participant à des conférences ou des événements en ligne et en en faisant la promotion sur votre site, vous pouvez augmenter votre visibilité auprès d'un public ciblé et renforcer votre crédibilité en tant qu'expert dans votre domaine.

Créez un compte sur Instagram et utilisez-le pour promouvoir votre site et vos produits ou services.

Créer un compte sur Instagram et l'utiliser pour promouvoir votre site et vos produits ou services peut être une stratégie efficace pour atteindre et engagez votre audience.

Voici quelques étapes à suivre pour mettre en place cette stratégie :

1. Créez un compte Instagram et complétez votre profil en ajoutant des informations sur votre entreprise et votre activité. Assurez-vous d'ajouter un lien vers votre site web dans votre profil pour que les utilisateurs puissent accéder à votre site facilement.

2. Publiez régulièrement du contenu visuel attrayant sur votre compte. Vous pouvez partager des photos ou des vidéos de vos produits ou services, des photos de votre équipe ou de votre entreprise, des tutoriels, des démonstrations, etc.

3. Utilisez les hashtags pertinents pour que votre contenu soit facilement trouvable par les utilisateurs. Vous pouvez également utiliser les fonctionnalités de géolocalisation et de tag pour rendre votre contenu encore plus visible.

4. Engagez votre audience en répondant aux commentaires et aux questions posées sur vos publications. Cela vous permettra de créer une communauté autour de votre compte Instagram.

5. Utilisez les outils de publicité d'Instagram pour

promouvoir votre compte et vos produits ou services auprès d'un public ciblé. Vous pouvez cibler votre publicité en fonction de différents critères tels que l'âge, le sexe, l'emplacement géographique, les centres d'intérêt, etc.

En publiant du contenu de qualité sur Instagram et en engageant votre audience, vous pouvez augmenter la visibilité de votre entreprise et de vos produits ou services auprès d'un large public.

Utilisez des hashtags populaires sur les réseaux sociaux pour promouvoir votre site et vos contenus.

Utiliser des hashtags populaires sur les réseaux sociaux pour promouvoir votre site et vos contenus peut être une stratégie efficace pour atteindre un public plus large et augmenter la visibilité de votre entreprise.

Voici quelques étapes à suivre pour mettre en place cette stratégie :

1. Identifiez les hashtags pertinents pour votre entreprise et vos contenus. Vous pouvez utiliser des outils de recherche de hashtags pour trouver les hashtags les plus populaires dans votre domaine d'activité. N'oubliez pas de varier les hashtags pour atteindre différents segments de votre audience.

2. Ajoutez les hashtags pertinents à vos publications sur les réseaux sociaux. Vous pouvez ajouter jusqu'à 30 hashtags à chaque publication sur Instagram, par exemple. N'oubliez pas de respecter les règles de chaque réseau social concernant l'utilisation des hashtags.

3. Suivez les hashtags pertinents pour votre entreprise et engagez les utilisateurs qui publient du contenu avec ces hashtags. Cela vous permettra de créer une communauté autour de vos hashtags et d'améliorer l'engagement de votre audience.

4. Utilisez les outils de publicité des réseaux sociaux pour promouvoir vos publications avec des hashtags ciblés. Vous

pouvez cibler votre publicité en fonction de différents critères tels que l'âge, le sexe, l'emplacement géographique, les centres d'intérêt, etc.

En utilisant des hashtags populaires sur les réseaux sociaux et en engageant votre audience autour de ces hashtags, vous pouvez atteindre un public plus large et améliorer la visibilité de votre entreprise sur les réseaux sociaux.

Faites de l'échange de liens avec d'autres sites populaires dans votre niche.

Faire de l'échange de liens avec d'autres sites populaires dans votre niche peut être une stratégie efficace pour améliorer la visibilité de votre site et pour améliorer votre référencement.

Voici quelques étapes à suivre pour mettre en place cette stratégie :

1. Identifiez les sites populaires dans votre niche qui pourraient être intéressés pour échanger des liens avec vous. Vous pouvez utiliser des outils de recherche de liens pour trouver ces sites ou demander à vos pairs ou à vos partenaires s'ils connaissent des sites pertinents.

2. Contactez les propriétaires de ces sites pour leur proposer un échange de liens. Assurez-vous de leur expliquer en quoi votre site peut être utile pour leurs visiteurs et pourquoi un échange de liens serait bénéfique pour les deux parties.

3. Ajoutez les liens des sites avec lesquels vous avez échangé des liens à votre site. Vous pouvez les ajouter dans votre footer, dans votre menu de navigation ou dans une section dédiée à vos partenaires sur votre site.

4. Surveillez régulièrement les liens vers votre site pour vous assurer qu'ils sont toujours actifs et que les sites avec lesquels vous avez échangé des liens respectent les règles de Google concernant le netlinking.

En faisant de l'échange de liens avec d'autres sites populaires dans votre niche, vous pouvez améliorer votre référencement et augmenter la visibilité de votre site auprès d'un public ciblé.

N'oubliez pas que l'échange de liens doit être fait de manière naturelle et que vous ne devez pas acheter ou vendre des liens.

Faites de la publicité sur des sites de petites annonces en ligne locaux.

Faire de la publicité sur des sites de petites annonces en ligne locaux peut être une stratégie efficace pour atteindre un public ciblé dans une région donnée.

Voici quelques étapes à suivre pour mettre en place une campagne de publicité sur un site de petites annonces en ligne local :

1. Identifiez les sites de petites annonces en ligne populaires dans votre région. Vous pouvez utiliser des outils de recherche en ligne pour trouver ces sites ou demander à vos pairs ou à vos partenaires s'ils connaissent des sites pertinents.

2. Créez un compte sur le site de petites annonces en ligne et suivez les étapes pour publier une annonce. Assurez-vous de suivre les règles et les consignes du site pour éviter que votre annonce ne soit pas publiée.

3. Rédiger une annonce attrayante et informative qui présente clairement votre produit ou votre service. Utilisez des mots clés pertinents pour que votre annonce apparaisse dans les résultats de recherche.

4. Ajoutez des photos ou des vidéos de votre produit ou service pour aider les acheteurs à se faire une idée de ce qu'ils vont acheter.

5. Fixez un prix raisonnable pour votre produit ou service. N'oubliez pas de prendre en compte les frais de publicité et de livraison dans votre prix de vente.

6. Promouvez votre annonce sur les réseaux sociaux et d'autres canaux de communication pour atteindre un public plus large. Il est important de surveiller régulièrement les performances de votre annonce et de la mettre à jour si nécessaire pour obtenir les meilleurs résultats possibles.

En faisant de la publicité sur des sites de petites annonces en ligne locaux, vous pouvez atteindre un public ciblé dans une région particulière, ce qui est idéal si vous recevez des clients localement.

Créez du contenu pour Pinterest et utilisez-le pour promouvoir votre site et vos produits ou services.

Créer du contenu pour Pinterest et l'utiliser pour promouvoir votre site et vos produits ou services peut être une stratégie efficace pour atteindre et engagez votre audience.

Voici quelques étapes à suivre pour mettre en place cette stratégie :

1. Créez un compte Pinterest et commencez à publier du contenu visuel attrayant. Vous pouvez publier des images de vos produits ou services, des tutoriels, des idées de décoration, des recettes, etc.

2. Optimisez vos tableaux et vos épingles pour qu'ils soient facilement trouvables sur Pinterest. Pour ce faire, utilisez des titres et des descriptions accrocheurs et ajoutez des mots-clés pertinents à vos épingles.

3. Utilisez les fonctionnalités de géolocalisation et de tag pour rendre votre contenu encore plus visible.

4. Engagez votre audience en répondant aux commentaires et aux questions posées sur vos épingles. Cela vous permettra de créer une communauté autour de votre profil Pinterest.

5. Utilisez les outils de publicité de Pinterest pour promouvoir vos épingles auprès d'un public ciblé. Vous pouvez cibler votre publicité en fonction de différents critères tels que l'âge, le sexe, l'emplacement géographique, les centres d'intérêt, etc.

En publiant du contenu de qualité sur Pinterest et en engageant votre audience, vous pouvez augmenter la visibilité de votre entreprise et de vos produits physiques ou numériques.

Utilisez des outils de marketing par SMS pour envoyer des messages à vos clients et promouvoir votre site.

Utiliser des outils de marketing par SMS pour envoyer des messages à vos clients et promouvoir votre site peut être une stratégie efficace pour atteindre rapidement et de manière ciblée votre audience.

Voici quelques étapes à suivre pour mettre en place cette stratégie :

1. Identifiez les outils de marketing par SMS qui conviennent à votre entreprise et à votre budget. Vous pouvez utiliser des outils en ligne qui vous permettent d'envoyer des SMS à vos clients ou des outils de gestion de campagnes SMS qui vous offrent des fonctionnalités plus avancées.

2. Créez une liste de numéros de téléphone de vos clients ou de personnes intéressées par votre entreprise. Assurez-vous de respecter les lois en vigueur concernant le marketing par SMS et de ne pas envoyer de messages non sollicités à des personnes qui ne sont pas intéressées par votre entreprise.

3. Rédiger des messages courts et percutants qui présentent clairement votre offre et qui incitent les destinataires à visiter votre site. N'oubliez pas d'ajouter un lien vers votre site dans votre message.

4. Programmer l'envoi de vos messages SMS à des moments où vous pensez que vos destinataires seront les plus

réceptifs. Par exemple, vous pouvez envoyer des messages le matin pour atteindre les personnes avant qu'elles ne commencent leur journée de travail ou le soir pour atteindre les personnes qui rentrent chez elles.

5. Suivez les performances de vos campagnes SMS et ajustez votre campagne et vos messages pour de meilleurs résultats.

Faites de la publicité dans des journaux ou des magazines locaux.

Faire de la publicité dans des journaux ou des magazines locaux peut être une stratégie efficace pour atteindre un public ciblé dans une région donnée.

Voici quelques étapes à suivre pour mettre en place une campagne de publicité dans un journal ou un magazine local :

1. Identifiez les journaux ou les magazines locaux qui sont pertinents pour votre entreprise et votre audience cible. Vous pouvez utiliser des outils de recherche en ligne pour trouver ces journaux ou magazines ou demander à vos contacts ou à vos partenaires s'ils connaissent des publications pertinentes.

2. Contactez les rédactions de ces journaux ou magazines pour obtenir des informations sur leurs tarifs publicitaires et sur leurs modalités de diffusion. Assurez-vous de leur expliquer en quoi votre entreprise et votre offre sont intéressantes pour leurs lecteurs.

3. Rédiger une annonce attrayante et informative qui présente clairement votre produit ou votre service. Utilisez des mots clés pertinents pour que votre annonce soit bien visible dans les résultats de recherche.

4. Ajoutez des photos ou des illustrations qui mettent en valeur votre produit ou service. Si possible, ajoutez un visuel qui incitera les lecteurs à vous contacter ou à visiter votre

site.

5. Fixez un budget publicitaire raisonnable en fonction de votre cible et de votre objectif. N'oubliez pas de prendre en compte les frais de réalisation de votre annonce (photographie, illustration, etc.) dans votre budget.

6. Suivez l'efficacité de votre annonce et ajustez-la si nécessaire pour obtenir les meilleurs résultats possibles.

En faisant de la publicité dans des journaux ou des magazines locaux, vous pouvez atteindre un public ciblé dans une région donnée et améliorer la visibilité de votre entreprise en ligne dans la vie réelle.

Faites de l'optimisation pour les moteurs de recherche (SEO) de votre site mobile.

Faire de l'optimisation pour les moteurs de recherche (SEO) de votre site mobile peut être une stratégie efficace pour améliorer le référencement de votre site et le rendre plus visible pour les utilisateurs de smartphones et de tablettes.

Voici quelques étapes à suivre pour mettre en place une stratégie de SEO mobile :

1. Assurez-vous que votre site est compatible avec les appareils mobiles. Vous pouvez utiliser des outils en ligne pour vérifier si votre site est bien optimisé pour les mobiles ou demander à vos développeurs de vérifier que votre site respecte les critères de Google pour les sites mobiles.

2. Optimisez les balises méta de votre site pour les mobiles. Vous devez notamment ajouter une balise "viewport" qui indique aux navigateurs comment afficher votre site sur les appareils mobiles.

3. Optimisez le contenu de votre site pour les mobiles. Vous devez notamment éviter les contenus qui sont difficiles à lire sur les petits écrans et utiliser des titres et des sous titres pour structurer votre contenu.

4. Créez un plan de navigation adapté aux mobiles. Vous devez notamment utiliser des menus déroulants ou des boutons de navigation pour faciliter l'accès aux différentes pages de votre site.

5. Améliorez la vitesse de chargement de votre site sur les mobiles. Vous pouvez utiliser des outils en ligne pour mesurer la vitesse de chargement de votre site et identifier les éléments qui ralentissent votre site.

6. Suivez les performances de votre site sur les mobiles et ajustez votre stratégie de SEO si nécessaire. Vous pouvez utiliser des outils de suivi du chargement de vos pages pour les optimiser.

Créez du contenu pour LinkedIn et utilisez-le pour promouvoir votre site et votre entreprise.

Créer du contenu pour LinkedIn et l'utiliser pour promouvoir votre site et votre entreprise peut être une stratégie efficace pour atteindre et engagez votre audience professionnelle.

Voici quelques étapes à suivre pour mettre en place cette stratégie :

1. Créez un profil LinkedIn professionnel et complétez-le avec vos informations professionnelles et vos compétences. Ajoutez une photo de profil et une bannière pour personnaliser votre profil.

2. Publiez du contenu de qualité sur votre profil LinkedIn. Vous pouvez publier des articles, des tutoriels, des infographies, des vidéos, etc. qui présentent votre expertise et votre savoir-faire.

3. Optimisez vos publications pour qu'elles soient facilement trouvables sur LinkedIn. Pour ce faire, utilisez des titres et des descriptions accrocheurs et ajoutez des mots-clés pertinents à vos publications.

4. Engagez votre audience en répondant aux commentaires et aux questions posées sur vos publications. Cela vous permettra de créer une communauté autour de votre profil LinkedIn.

5. Utilisez les outils de publicité de LinkedIn pour promouvoir vos publications auprès d'un public ciblé. Vous

pouvez cibler votre publicité en fonction de différents critères tels que l'emploi, l'industrie, le niveau de responsabilité, les centres d'intérêt, etc.

En publiant du contenu de qualité sur LinkedIn et en engageant votre audience, vous pouvez augmenter la visibilité de votre entreprise et de votre site auprès des membres de ce réseau social professionnel.

Utilisez des outils de marketing par push notification pour envoyer des notifications à vos utilisateurs et promouvoir votre site.

Utiliser des outils de marketing par push notification pour envoyer des notifications à vos utilisateurs et promouvoir votre site peut être une stratégie efficace pour atteindre rapidement et de manière ciblée votre audience.

Voici quelques étapes à suivre pour mettre en place cette stratégie :

1. Identifiez les outils de marketing par push notification qui conviennent à votre entreprise et à votre budget. Vous pouvez utiliser des outils en ligne qui vous permettent d'envoyer des notifications à vos utilisateurs ou des outils de gestion de campagnes de notification qui vous offrent des fonctionnalités plus avancées.

2. Créez une liste de contacts de vos utilisateurs ou de personnes intéressées par votre entreprise. Assurez-vous de respecter les lois en vigueur concernant le marketing par notification et de ne pas envoyer de notifications non sollicitées à des personnes qui ne sont pas intéressées par votre entreprise.

3. Rédiger des notifications courtes et percutantes qui présentent clairement votre offre et qui incitent les destinataires à visiter votre site. N'oubliez pas d'ajouter un lien vers votre site dans votre notification.

4. Programmer l'envoi de vos notifications à des moments où vous pensez que vos destinataires seront les plus réceptifs. Par exemple, vous pouvez envoyer des notifications le matin pour atteindre les personnes avant qu'elles ne commencent leur journée de travail ou le soir pour atteindre les personnes qui rentrent chez elles.

5. Suivez les performances de vos campagnes pour mesurer sa pertinence.

Créez du contenu pour TikTok et utilisez-le pour promouvoir votre site et vos produits ou services.

Créer du contenu pour TikTok et l'utiliser pour promouvoir votre site et vos produits ou services peut être une stratégie efficace pour atteindre et engager une audience jeune et active sur les réseaux sociaux.

Voici quelques étapes à suivre pour mettre en place cette stratégie :

1. Créez un compte TikTok et complétez votre profil avec vos informations et vos photos de profil et de bannière. Assurez-vous de choisir un nom d'utilisateur qui est facile à retenir et qui correspond à votre marque.

2. Créez du contenu pour TikTok qui présente votre entreprise et vos produits ou services de manière créative et amusante. Vous pouvez utiliser des vidéos courtes, des musiques populaires, des effets visuels et des hashtags pour rendre votre contenu plus attrayant.

3. Utilisez des hashtags pertinents dans vos publications pour que votre contenu soit facilement trouvable sur TikTok. Vous pouvez utiliser des outils de recherche de hashtags pour trouver les hashtags les plus populaires dans votre domaine d'activité.

4. Engagez votre audience en répondant aux commentaires et aux questions posées sur vos publications. Cela vous permettra de créer une communauté autour de votre profil

TikTok.

5. Utilisez les outils de publicité de TikTok pour multiplier la visibilité de vos publications.

Utilisez des outils de marketing de contenu pour créer du contenu visuel attrayant et le partager sur les réseaux sociaux.

Utiliser des outils de marketing de contenu pour créer du contenu visuel attrayant et le partager sur les réseaux sociaux peut être une stratégie efficace pour atteindre et engagez votre audience sur les réseaux sociaux.

Voici quelques étapes à suivre pour mettre en place cette stratégie :

1. Identifiez les outils de marketing de contenu qui conviennent à votre entreprise et à votre budget. Vous pouvez utiliser des outils en ligne qui vous permettent de créer du contenu visuel (comme Canva ou Piktochart) ou des outils de gestion de campagnes de contenu qui vous offrent des fonctionnalités plus avancées (comme Hootsuite ou Buffer).

2. Créez du contenu visuel attrayant qui présente votre entreprise et vos produits ou services de manière créative et originale. Vous pouvez utiliser des photos, des infographies, des vidéos, etc. pour rendre votre contenu plus impactant.

3. Optimisez vos publications pour qu'elles soient facilement trouvables sur les réseaux sociaux. Pour ce faire, utilisez des titres et des descriptions accrocheurs et ajoutez des mots clés pertinents à vos publications.

4. Partagez votre contenu sur les réseaux sociaux qui sont

pertinents pour votre entreprise et votre audience cible.

Créez du contenu pour Reddit et utilisez-le pour promouvoir votre site et vos produits ou services.

Créer du contenu pour Reddit et l'utiliser pour promouvoir votre site et vos produits ou services peut être une stratégie efficace pour atteindre et engagez une audience active et engagée sur les réseaux sociaux.

Voici quelques étapes à suivre pour mettre en place cette stratégie :

1. Créez un compte Reddit et complétez votre profil avec vos informations et vos photos de profil et de bannière. Assurez-vous de choisir un nom d'utilisateur qui est facile à retenir et qui correspond à votre marque.

2. Participez aux discussions sur Reddit en répondant aux questions et aux commentaires des utilisateurs. Cela vous permettra de vous faire connaître sur la plate-forme et de développer votre réputation.

3. Créez du contenu pour Reddit qui présente votre entreprise et vos produits ou services de manière intéressante et informative. Vous pouvez utiliser des textes, des photos, des vidéos, etc. pour rendre votre contenu plus attractif.

4. Utilisez les hashtags pertinents dans vos publications pour que votre contenu soit facilement trouvable sur Reddit. Vous pouvez utiliser des outils de recherche de hashtags pour trouver les hashtags les plus populaires dans votre domaine

d'activité.

5. Engagez votre audience en répondant aux commentaires et aux questions posées sur vos publications. Cela vous permettra de créer une communauté autour de votre profil Reddit.

6. Utilisez les outils de publicité de Reddit pour promouvoir vos publications auprès d'un public ciblé. Vous pouvez cibler votre publicité en fonction de différents critères tels que l'emploi, l'industrie, le niveau de responsabilité, les centres d’intérêt.

Créez du contenu pour les podcasts et utilisez-le pour promouvoir votre site et vos produits ou services.

Créer du contenu pour les podcasts et l'utiliser pour promouvoir votre site et vos produits ou services peut être une stratégie efficace pour atteindre et engagez une audience qui aime écouter des contenus audio sur les réseaux sociaux.

Voici quelques étapes à suivre pour mettre en place cette stratégie :

1. Identifiez les thèmes et les sujets qui sont pertinents pour votre entreprise et qui intéresseront votre audience. Vous pouvez utiliser des outils de recherche en ligne pour trouver les podcasts qui sont populaires dans votre domaine d'activité et qui ont une audience cible similaire à la vôtre.

2. Créez un plan de contenu pour votre podcast qui inclut les thèmes et les sujets que vous allez aborder dans chaque épisode. Vous pouvez inviter des experts, des clients ou des partenaires pour enrichir votre contenu.

3. Investissez dans du matériel de qualité pour enregistrer votre podcast. Vous aurez besoin d'un microphone, d'un logiciel de montage audio et d'un ordinateur pour enregistrer et éditer votre podcast.

4. Enregistrez et éditez votre podcast en suivant les bonnes pratiques de l'industrie. Assurez-vous que votre audio est de qualité et que votre contenu est clair et facile à comprendre.

5. Publiez votre podcast sur une plate-forme de diffusion

en ligne comme iTunes, Spotify ou Google Podcasts. Vous pouvez également publier votre podcast sur votre site web

Quel est l’intérêt d'attirer du trafic ciblé sur un site web ?

Attirer du trafic ciblé sur un site web peut être bénéfique pour plusieurs raisons :

1. Améliorer le taux de conversion : Si le trafic qui arrive sur votre site web est composé de personnes qui sont réellement intéressées par votre produit ou votre service, elles sont plus susceptibles de devenir des clients.

2. Augmenter les ventes et les revenus : Plus vous avez de visiteurs sur votre site web, plus vous avez de chances de convertir ces visiteurs en clients et donc d'augmenter vos ventes et vos revenus.

3. Améliorer la notoriété de votre marque : Plus vous avez de visiteurs sur votre site web, plus vous êtes visible et plus votre marque est connue.

4. Améliorer la qualité de votre site web : Si vous attirez du trafic ciblé sur votre site web, vous pouvez recueillir des données sur les visiteurs et utiliser ces informations pour améliorer votre site web en fonction de leurs besoins et de leurs intérêts.

En résumé, attirer du trafic ciblé sur votre site web peut vous aider à améliorer votre taux de conversion, à augmenter vos ventes et vos revenus, à renforcer votre notoriété de marque et à améliorer la qualité de votre site web.

Améliorer le taux de conversion

Améliorer le taux de conversion est l'un des principaux avantages de l'attraction de trafic ciblé sur un site web. Le taux de conversion mesure le pourcentage de visiteurs qui effectuent une action spécifique sur votre site web, comme remplir un formulaire de contact, acheter un produit ou s'abonner à une newsletter.

Si vous attirez du trafic ciblé sur votre site web, cela signifie que vous attirez des personnes qui sont réellement intéressées par ce que vous proposez. Ces personnes sont donc plus susceptibles de devenir des clients potentiels et d'effectuer une action sur votre site web. Par conséquent, votre taux de conversion peut augmenter.

Voici quelques exemples de stratégies pour améliorer le taux de conversion grâce à du trafic ciblé :

1. Créer du contenu de qualité qui répond aux besoins et aux intérêts de votre public cible.

2. Utiliser des appels à l'action clairs et percutants pour inciter les visiteurs à agir.

3. Optimiser votre site web pour les appareils mobiles pour améliorer l'expérience utilisateur.

4. Faire des offres spéciales pour inciter les visiteurs à agir rapidement

5. Offrir une assistance en temps réel pour répondre aux questions et aux préoccupations des visiteurs.

En mettant en place ces stratégies, vous pouvez améliorer le taux de conversion de votre site web et obtenir de meilleurs résultats de votre stratégie de marketing en ligne.

Augmenter les ventes et les revenus

L'attraction de trafic ciblé sur un site web peut également aider à augmenter les ventes et les revenus de votre entreprise. Plus vous avez de visiteurs sur votre site web, plus vous avez de chances de convertir ces visiteurs en clients.

Voici quelques exemples de stratégies pour augmenter les ventes et les revenus grâce à du trafic ciblé :

1. Utiliser des annonces publicitaires ciblées pour attirer des visiteurs sur votre site web.

2. Offrir des produits ou des services qui répondent aux besoins et aux intérêts de votre public cible.

3. Créer du contenu de qualité qui présente votre produit ou votre service de manière attractive et convaincante.

4. Utiliser des appels à l'action clairs et percutants pour inciter les visiteurs à acheter.

5. Optimiser votre site web pour le référencement naturel afin d'attirer du trafic organique ciblé.

En mettant en place ces stratégies, vous pouvez augmenter les ventes et les revenus de votre entreprise en attirant du trafic ciblé sur votre site web. Il est important de noter que pour que cela fonctionne, il est essentiel de fournir un produit ou un service de qualité et de créer une expérience d'achat agréable pour les visiteurs de votre site web.

Améliorer la notoriété de votre marque

Attirer du trafic ciblé sur votre site web peut également vous aider à améliorer la notoriété de votre marque. Plus vous avez de visiteurs sur votre site web, plus vous êtes visible et plus votre marque est connue.

Voici quelques exemples de stratégies pour améliorer la notoriété de votre marque grâce à du trafic ciblé :

1. Utiliser les réseaux sociaux pour promouvoir votre site web et votre marque.

2. Partager du contenu de qualité sur votre site web et sur d'autres sites web pour établir votre expertise et votre crédibilité.

3. Utiliser les annonces publicitaires ciblées pour atteindre votre public cible.

4. Offrir du contenu gratuit, comme des ebooks ou des guides, pour attirer du trafic sur votre site web.

5. Participer à des événements en ligne ou à des salons virtuels pour renforcer votre présence en ligne.

En mettant en place ces stratégies, vous pouvez améliorer la notoriété de votre marque en attirant du trafic ciblé sur votre site web. Il est important de noter que pour que cela fonctionne, il est essentiel de créer du contenu de qualité et de rester actif sur les réseaux sociaux et d'autres plate-formes en ligne.

Améliorer la qualité de votre site web

Attirer du trafic ciblé sur votre site web peut également vous aider à améliorer la qualité de votre site web. Plus vous avez de visiteurs sur votre site web, plus vous avez l'occasion de recueillir des données sur leurs comportements et leurs intérêts. Vous pouvez utiliser ces informations pour améliorer votre site web en fonction de leurs besoins et de leurs intérêts.

Voici quelques exemples de stratégies pour améliorer la qualité de votre site web grâce à du trafic ciblé :

1. Utiliser des outils de suivi du comportement des visiteurs pour obtenir des données sur leurs actions sur votre site web.

2. Demander à vos visiteurs de remplir des enquêtes ou des questionnaires pour obtenir des informations sur leurs besoins et leurs intérêts.

   Utiliser des chatbots ou des assistants virtuels pour offrir une assistance en temps réel aux visiteurs et répondre à leurs questions.

3. Optimiser votre site web pour les appareils mobiles pour améliorer l'expérience utilisateur.

4. Créer du contenu de qualité qui répond aux besoins et aux intérêts de votre public cible.

En mettant en place ces stratégies, vous pouvez améliorer la qualité de votre site web en attirant du trafic ciblé sur votre site web. Il est important de noter que pour que cela fonctionne, il est essentiel de collecter et d'analyser les données de manière régulière et de mettre en œuvre des changements en fonction de ces données.

Quels sont les risques d'attirer du trafic non ciblé sur un site internet ?

Attirer du trafic non ciblé sur un site internet peut présenter plusieurs risques pour l'entreprise ou le propriétaire du site.

Voici quelques exemples de ces risques :

1. **Faible taux de conversion :** si les visiteurs du site ne sont pas intéressés par ce qu'il propose, ils ne seront pas enclins à effectuer une action (achat, inscription à une newsletter, etc.) sur le site, ce qui peut entraîner un faible taux de conversion.

2. **Coût élevé :** générer du trafic non ciblé peut nécessiter des efforts marketing importants, qui peuvent représenter un coût élevé pour l'entreprise.

3. **Mauvaise réputation :** si les visiteurs du site sont frustrés de ne pas trouver ce qu'ils cherchent, ils pourraient laisser des avis négatifs sur le site, ce qui peut nuire à sa réputation.

4. **Faible engagement :** si les visiteurs du site ne sont pas intéressés par son contenu, ils ne resteront pas longtemps sur le site et n'interagiront pas avec celui-ci, ce qui peut entraîner un faible engagement.

Il est donc important de cibler le trafic sur son site internet afin d'attirer des visiteurs qui sont intéressés par ce qu'il propose et qui ont plus de chances de se convertir en clients ou de participer à l'engagement avec le site.

Un faible taux de conversion

Le faible taux de conversion est l'un des risques les plus importants d'attirer du trafic non ciblé sur un site internet. Si les visiteurs du site ne sont pas intéressés par ce qu'il propose, ils ne seront pas enclins à effectuer une action (achat, inscription à une newsletter, etc.) sur le site.

Cela peut entraîner une perte de temps et d'argent pour l'entreprise, qui a investi dans la génération de ce trafic.

Le taux de conversion désigne le pourcentage de visiteurs qui effectuent une action sur le site par rapport au nombre total de visiteurs. Un taux de conversion faible indique que peu de visiteurs du site sont intéressés par ce qu'il propose et qu'il est difficile de les convertir en clients.

Il est donc important de cibler le trafic sur son site internet afin d'attirer des visiteurs qui sont intéressés par ce qu'il propose et qui ont plus de chances de se convertir en clients. Cela peut se faire en utilisant des mots-clés ciblés dans les campagnes de publicité, en ciblant les annonces sur des sites Web qui sont pertinents pour votre entreprise ou en utilisant des techniques de marketing de contenu pour attirer des visiteurs intéressés par ce que vous proposez.

Un coût élevé pour l'entreprise

Générer du trafic non ciblé peut nécessiter des efforts marketing importants, qui peuvent représenter un coût élevé pour l'entreprise.

Cela peut être le cas si l'entreprise utilise des campagnes publicitaires coûteuses pour attirer des visiteurs sur son site, ou si elle investit du temps et de l'argent dans la création de contenu de qualité qui ne séduit pas les visiteurs du site.

Il est donc important de cibler le trafic sur son site internet afin d'attirer des visiteurs qui sont intéressés par ce qu'il propose et qui ont plus de chances de se convertir en clients. Cela peut se faire en utilisant des mots-clés ciblés dans les campagnes de publicité, en ciblant les annonces sur des sites Web qui sont pertinents pour votre entreprise ou en utilisant des techniques de marketing de contenu pour attirer des visiteurs intéressés par ce que vous proposez.

En ciblant le trafic de manière efficace, l'entreprise peut éviter de dépenser de l'argent et du temps dans la génération de trafic qui ne se convertira pas en clients.

Mauvaise réputation

Si les visiteurs du site ne sont pas intéressés par ce qu'il propose et qu'ils ne trouvent pas ce qu'ils cherchent, ils pourraient laisser des avis négatifs sur le site, ce qui peut nuire à sa réputation.

Les avis en ligne sont très importants pour la réputation d'un site internet, car ils peuvent influencer la décision d'achat des futurs visiteurs. Si un site a de nombreux avis négatifs, cela peut décourager les visiteurs à y acheter ou à y naviguer.

Il est donc important de cibler le trafic sur son site internet afin d'attirer des visiteurs qui sont intéressés par ce qu'il propose et qui ont plus de chances de laisser des avis positifs. Cela peut se faire en utilisant des mots-clés ciblés dans les campagnes de publicité, en ciblant les annonces sur des sites Web qui sont pertinents pour votre entreprise ou en utilisant des techniques de marketing de contenu pour attirer des visiteurs intéressés par ce que vous proposez. En ciblant le trafic de manière efficace, l'entreprise peut éviter de recevoir de mauvais avis en ligne et de nuire à sa réputation.

Faible engagement

Si les visiteurs du site ne sont pas intéressés par son contenu, ils ne resteront pas longtemps sur le site et n'interagiront pas avec celui ci, ce qui peut entraîner un faible engagement.

L'engagement désigne les actions que les visiteurs du site effectuent sur celui-ci, comme rester sur le site pendant de longues périodes, cliquer sur différents liens ou partager le contenu sur les réseaux sociaux. Un faible engagement peut indiquer que les visiteurs du site ne sont pas intéressés par ce qu'il propose et qu'ils ne trouvent pas de valeur dans ce qu'il offre.

10 idées pour rentabiliser le trafic sur votre site

1. Monétiser votre site grâce à la publicité en ligne. Vous pouvez utiliser des régies publicitaires comme Google AdSense ou Media.net pour afficher des annonces sur votre site et gagner de l'argent chaque fois qu'un visiteur clique sur une annonce.

2. Vendre des produits ou des services en ligne. Si vous avez un produit ou un service à vendre, vous pouvez utiliser votre site pour le promouvoir et le vendre directement aux visiteurs.

3. Faire de l'affiliation. Si vous avez un site sur un sujet spécifique, vous pouvez promouvoir des produits ou des services connexes en tant qu'affilié et gagner une commission sur chaque vente que vous générez.

4. Louer de l'espace publicitaire sur votre site. Si vous avez un site qui reçoit beaucoup de trafic, vous pouvez louer de l'espace publicitaire à d'autres entreprises qui souhaitent promouvoir leurs produits ou services sur votre site.

5. Monétiser votre site grâce à du contenu premium. Vous pouvez demander aux visiteurs de payer pour accéder à certains contenus exclusifs ou à des fonctionnalités avancées de votre site.

6. Offrir des abonnements payants. Si votre site propose du contenu régulièrement mis à jour ou des services en ligne, vous pouvez proposer des abonnements payants pour accéder à ces contenus ou services.

7. Monétiser votre site grâce à des dons. Si vous avez un site de contenu éducatif ou de bienfaisance, vous pouvez

demander aux visiteurs de faire des dons pour soutenir votre travail.

8. Monétiser votre site grâce à du contenu personnalisé. Vous pouvez proposer du contenu personnalisé au nom de votre marque ou de l'un de vos produit phare.

9. Monétiser votre site grâce à des webinaires ou des conférences en ligne. Si vous avez une expertise dans un domaine particulier, vous pouvez organiser des webinaires ou des conférences en ligne et les vendre sur votre site.

10. Monétiser votre site grâce à des services de mise en relation qui vous rémunère pour chaque prospect inscrit dans leur base de données.

Monétiser votre site grâce à la publicité en ligne

Pour monétiser votre site grâce à la publicité en ligne, vous pouvez utiliser des régies publicitaires qui vous permettent de diffuser des annonces sur votre site et de gagner de l'argent chaque fois qu'un visiteur clique sur une annonce.

Il existe plusieurs régies publicitaires populaires, notamment Google AdSense et Media.net. Pour utiliser ces services, vous devez d'abord vous inscrire et ajouter des annonces à votre site. Vous pouvez choisir parmi différents formats d'annonces, tels que les bannières, les annonces contextuelles et les annonces vidéo.

Une fois que vous avez ajouté les annonces à votre site, les régies publicitaires s'occupent de trouver des annonceurs qui sont intéressés par la diffusion de leurs annonces sur votre site. Vous gagnez de l'argent chaque fois qu'un visiteur clique sur une annonce, selon un tarif qui est déterminé par l'annonceur et la régie publicitaire.

Il est important de noter que pour monétiser votre site grâce à la publicité en ligne, vous devez avoir un site qui reçoit suffisamment de trafic pour que les annonces soient rentables. De plus, vous devez être sélectif dans le choix des annonces que vous affichez sur votre site, afin de ne pas nuire à l'expérience utilisateur de vos visiteurs.

En vendant des produits ou des services en ligne

Pour rentabiliser votre site en vendant des produits ou des services en ligne, vous devez d'abord avoir un produit ou un service à vendre. Ce peut être n'importe quoi, allant de biens physiques (comme des vêtements ou des accessoires) à des services (comme des cours en ligne ou des consultations).

Une fois que vous avez déterminé ce que vous allez vendre, vous devez mettre en place une boutique en ligne sur votre site pour que les visiteurs puissent acheter vos produits ou vos services. Il existe plusieurs plateformes de commerce électronique populaires que vous pouvez utiliser pour créer votre boutique, comme Shopify ou WooCommerce. Ces plateformes vous permettent de gérer facilement votre inventaire, vos paiements et vos commandes.

Pour promouvoir vos produits ou vos services, vous pouvez utiliser différentes stratégies de marketing en ligne, telles que les réseaux sociaux, les campagnes de publicité en ligne, les e-mails marketing et le contenu de qualité sur votre site. Vous devrez également vous assurer que votre site est optimisé pour les conversions, c'est-à-dire que vous devez inciter les visiteurs à acheter vos produits ou vos services en leur offrant une expérience d'achat facile et agréable.

Il est important de noter que pour réussir à vendre des produits ou des services en ligne, vous devez avoir un site professionnel et bien conçu, ainsi qu'un produit ou un service de qualité. De plus, vous devez être capable de gérer efficacement les aspects logistiques de la vente en ligne, comme l'expédition et le service client.

L'affiliation

La monétisation de votre site grâce à l'affiliation consiste à promouvoir des produits ou des services connexes à votre site en tant qu'affilié et à gagner une commission sur chaque vente que vous générez.

Pour devenir affilié, vous devez d'abord trouver des programmes d'affiliation qui proposent des produits ou des services qui sont pertinents pour votre site et votre audience. Vous pouvez trouver ces programmes en vous inscrivant auprès de réseaux d'affiliation, qui regroupent de nombreuses entreprises proposant des programmes d'affiliation.

Une fois que vous êtes accepté dans un programme d'affiliation, vous pouvez promouvoir les produits ou les services de l'entreprise en utilisant des liens d'affiliation. Ces liens sont des liens hypertexte qui renvoient aux pages de vente des produits ou des services. Si un visiteur clique sur un lien d'affiliation et achète un produit ou un service, vous recevez une commission sur la vente.

Pour promouvoir les produits ou les services en tant qu'affilié, vous pouvez utiliser différentes stratégies, comme écrire des avis ou des articles de blog sur les produits, inclure des liens d'affiliation dans vos e-mails ou utiliser des bannières publicitaires sur votre site. Il est important de noter que pour réussir en tant qu'affilié, vous devez être honnête et transparent avec vos visiteurs et ne promouvoir que des produits ou des services de qualité qui sont pertinents pour votre site et votre audience.

Louer de l'espace publicitaire

Pour monétiser votre site en louant de l'espace publicitaire, vous devez d'abord avoir un site qui reçoit suffisamment de trafic pour que les annonces soient rentables pour les annonceurs. Si c'est le cas, vous pouvez louer de l'espace publicitaire sur votre site à d'autres entreprises qui souhaitent promouvoir leurs produits ou services sur votre site.

Il existe plusieurs façons de louer de l'espace publicitaire sur votre site. Vous pouvez utiliser des régies publicitaires, comme Google AdSense ou Media.net, qui vous permettent de diffuser des annonces sur votre site en échange d'une commission. Vous pouvez également vendre de l'espace publicitaire directement aux annonceurs, en leur proposant différents emplacements et formats d'annonces sur votre site.

Pour trouver des annonceurs intéressés par la diffusion de leurs annonces sur votre site, vous pouvez utiliser des plateformes de publicité en ligne, comme Google AdWords ou Facebook Ads. Vous pouvez également utiliser des réseaux publicitaires, qui regroupent de nombreuses entreprises proposant de la publicité en ligne.

Il est important de noter que pour monétiser votre site en louant de l'espace publicitaire, vous devez être capable de trouver des annonceurs prêts à payer pour diffuser leurs annonces sur votre site. Vous devez également être capable de gérer les contrats et les paiements avec les annonceurs, et de veiller à ce que les annonces diffusées sur votre site soient de qualité et respectent les règles de votre régie publicitaire ou de votre réseau publicitaire.

Accès à du contenu premium

Pour monétiser votre site grâce à du contenu premium, vous devez d'abord déterminer quel type de contenu vous allez mettre derrière un accès privé. Ce peut être du contenu exclusif, comme des articles de blog avancés ou des guides de qualité, ou des fonctionnalités avancées de votre site, comme des outils de calcul ou des bases de données.

Une fois que vous avez déterminé quel contenu vous allez mettre en accès privé, vous devez mettre en place un système de paiement pour que les visiteurs puissent accéder à ce contenu. Vous pouvez utiliser des plateformes de paiement en ligne, comme PayPal ou Stripe, pour gérer les transactions.

Pour promouvoir votre contenu premium, vous pouvez utiliser différentes stratégies de marketing en ligne, comme les réseaux sociaux, les e-mails marketing ou les annonces payantes. Vous pouvez également inclure des extraits de votre contenu privé sur votre site, afin de donner aux visiteurs un aperçu de ce qu'ils peuvent obtenir en payant pour accéder au contenu complet.

Il est important de noter que pour réussir à monétiser votre site grâce à du contenu premium, vous devez offrir du contenu de qualité qui est suffisamment intéressant pour que les visiteurs soient prêts à payer pour y accéder. Vous devez également mettre en place un système de paiement facile à utiliser et avoir une stratégie de marketing en ligne solide pour promouvoir votre contenu privé.

Des abonnements payants

Pour monétiser votre site grâce à des abonnements payants, vous devez d'abord avoir du contenu ou des services qui sont mis à jour régulièrement et qui peuvent être proposés en tant qu'abonnement. Ce peut être du contenu de qualité, comme des articles de blog avancés ou des guides, ou des services en ligne, comme des consultations ou des cours en ligne.

Une fois que vous avez déterminé quel contenu ou quels services vous allez proposer en abonnement, vous devez mettre en place un système de paiement pour que les visiteurs puissent s'abonner. Vous pouvez utiliser des plateformes de paiement en ligne, comme PayPal ou Stripe, pour gérer les transactions.

Pour promouvoir vos abonnements payants, vous pouvez utiliser différentes stratégies de marketing en ligne, comme les réseaux sociaux, les e-mails marketing ou les annonces payantes. Vous pouvez également inclure des extraits de votre contenu ou de vos services sur votre site, afin de donner aux visiteurs un aperçu de ce qu'ils peuvent obtenir en s'abonnant.

Il est important de noter que pour réussir à monétiser votre site grâce à des abonnements payants, vous devez offrir du contenu ou des services de qualité qui sont suffisamment intéressants pour que les visiteurs soient prêts à payer un abonnement pour y accéder. Vous devez également mettre en place un système de paiement facile à utiliser et avoir une stratégie de marketing en ligne solide pour promouvoir vos abonnements payants.

Recevoir des dons

Pour monétiser votre site grâce à des dons, vous devez d'abord avoir un site de contenu éducatif ou de bienfaisance qui suscite l'intérêt et l'engagement de votre audience. Si c'est le cas, vous pouvez demander aux visiteurs de faire des dons pour soutenir votre travail.

Pour collecter des dons, vous pouvez utiliser des plateformes de paiement en ligne, comme PayPal ou Stripe, qui vous permettent de mettre en place des boutons de dons sur votre site. Vous pouvez également utiliser des plateformes de financement participatif, comme Kickstarter ou GoFundMe, qui vous permettent de lancer des campagnes de financement en ligne.

Pour promouvoir vos dons, vous pouvez utiliser différentes stratégies de marketing en ligne, comme les réseaux sociaux, les e-mails marketing ou les annonces payantes. Vous pouvez également inclure des témoignages de personnes qui ont déjà fait des dons sur votre site, afin de montrer aux visiteurs que votre travail a un impact réel.

Il est important de noter que pour réussir à monétiser votre site grâce à des dons, vous devez être transparent et honnête avec vos visiteurs et leur montrer comment leurs dons vont contribuer à votre travail.

Des produits personnalisés

Pour monétiser votre site grâce à des commandes de produits personnalisés, vous devez d'abord avoir un produit ou un service qui peut être personnalisé selon les préférences des clients. Ce peut être n'importe quoi, allant de vêtements à des cadeaux en passant par des objets de décoration ou des produits alimentaires.

Une fois que vous avez déterminé quel produit ou service vous allez proposer en tant que produit personnalisé, vous devez mettre en place un système de commande sur votre site pour que les visiteurs puissent commander des produits personnalisés. Vous pouvez utiliser des plateformes de commerce électronique, comme Shopify ou WooCommerce, qui vous permettent de créer facilement un formulaire de commande et de gérer les paiements et les livraisons.

Vous pouvez également utiliser des services de "print on demand", POD, qui se chargent de la production de vos produits et de l'expédition contre une commission sur vente.

Pour promouvoir vos produits personnalisés, vous pouvez utiliser différentes stratégies de marketing en ligne, comme les réseaux sociaux, les e-mails marketing ou les annonces payantes. Vous pouvez également inclure des exemples de produits personnalisés sur votre site, afin de montrer aux visiteurs ce qu'ils peuvent créer en passant une commande.

Il est important de noter que pour réussir à monétiser votre site grâce à des produits personnalisés, vous devez offrir un produit ou un service de qualité qui répond aux préférences des clients. Vous devez également mettre en place un système de commande facile à utiliser et avoir une stratégie de marketing en ligne solide pour promouvoir vos produits personnalisés.

Les webinaires ou les conférences

Pour monétiser votre site grâce à des webinaires ou des conférences en ligne, vous devez d'abord avoir un sujet d'expertise ou un savoir-faire que vous pouvez partager avec un public intéressé. Vous devez également avoir un public cible en tête et être capable de déterminer comment votre contenu peut répondre à leurs besoins et leur apporter une valeur.

Une fois que vous avez déterminé quel type de webinaires ou de conférences en ligne vous allez proposer sur votre site, vous devez mettre en place un système pour que les visiteurs puissent s'inscrire et participer à vos événements en ligne. Vous pouvez utiliser des plateformes de webinaires en ligne, comme GoToWebinar ou Zoom, qui vous permettent de créer et de gérer facilement vos événements en ligne.

Pour promouvoir vos webinaires ou conférences en ligne, vous pouvez utiliser différentes stratégies de marketing en ligne, comme les réseaux sociaux, les e-mails marketing ou les annonces payantes. Vous pouvez également inclure des extraits de vos précédents webinaires ou conférences en ligne sur votre site, afin de montrer aux visiteurs ce qu'ils peuvent attendre de votre contenu.

Il est important de noter que pour réussir à monétiser votre site grâce à des webinaires ou des conférences en ligne, vous devez offrir du contenu de qualité qui est suffisamment intéressant pour que les visiteurs soient prêts à payer pour y accéder. Vous devez également mettre en place un système d'inscription et de paiement facile à utiliser

Les services de mise en relation

Pour monétiser votre site grâce à des services de mise en relation, vous devez d'abord avoir un site qui s'adresse à une audience qui a besoin de trouver des prestataires de services ou des produits. Par exemple, si votre site s'adresse aux propriétaires de maisons, vous pouvez proposer des services de mise en relation avec des prestataires de services de rénovation ou de jardinage.

Une fois que vous avez déterminé quel type de services de mise en relation vous allez proposer sur votre site, vous devez mettre en place un système pour que les visiteurs puissent trouver et contacter les prestataires de services ou les produits qu'ils cherchent. Vous pouvez utiliser des plateformes de mise en relation en ligne, comme Thumbtack ou TaskRabbit, qui vous permettent de créer facilement un annuaire de prestataires de services et de gérer les demandes de mise en relation.

Pour promouvoir vos services de mise en relation, vous pouvez utiliser différentes stratégies de marketing en ligne, comme les réseaux sociaux, les e-mails marketing ou les annonces payantes. Vous pouvez également inclure des témoignages de personnes qui ont déjà utilisé vos services de mise en relation sur votre site, afin de montrer aux visiteurs la qualité de ces services.

Il est important de noter que pour réussir à monétiser votre site grâce à des services de mise en relation, vous devez avoir une audience qui a besoin de trouver des prestataires de services ou des produits et être capable de promouvoir vos services de mise en relation de manière efficace sur votre site. Vous devez également être en mesure de gérer efficacement les demandes de mise en relation et de veiller à ce que les prestataires de services ou les produits proposés sur votre site soient de qualité.

La rémunération de ce type de service se fait principalement au CPA (Coût Par Action) vous êtes rémunéré par exemple pour chaque nouveau prospect qui rempli un formulaire de demande d'information.

Conclusion

Attirer du trafic ciblé sur son site est important pour plusieurs raisons :

Augmenter la visibilité de votre entreprise : Plus vous avez de visiteurs sur votre site, plus vous avez de chances de vous faire connaître et de générer des leads.

Améliorer le référencement de votre site : Plus votre site reçoit de visites de personnes intéressées par votre produit ou votre service, plus il sera considéré comme pertinent par les moteurs de recherche, ce qui peut améliorer votre position dans les résultats de recherche.

Générer des revenus : Si vous avez un site e-commerce, attirer du trafic ciblé sur votre site peut vous aider à générer des ventes et donc des revenus. Si vous utilisez des annonces publicitaires pour monétiser votre site, plus vous avez de visites, plus vous pouvez espérer recevoir d'argent.

Il est donc important de mettre en place une stratégie pour attirer du trafic ciblé sur votre site et le rentabiliser. Cela peut passer par la mise en place de campagnes de marketing en ligne, la création de contenu de qualité, l'optimisation de votre site pour les moteurs de recherche, etc.

Commencez dès maintenant ...

www.ingramcontent.com/pod-product-compliance
Lightning Source LLC
LaVergne TN
LVHW010118170826
845678LV00012B/2466

9798372102613